TODO SOBRE LAS POLEAS

James De Medeiros

LIGHTBOX
openlightbox.com

Entre a
www.openlightbox.com
e ingrese el código único
de este libro.

CÓDIGO DE ACCESO

L B X Q 5 6 9 7

Lightbox es una completa solución digital para enseñar y aprender temas curriculares de una manera original e innovadora. Lightbox se basa en las Normas Curriculares Nacionales.

CARACTERÍSTICAS ESTÁNDAR DE LIGHTBOX

AUDIO Narraciones de alta calidad con sistema de texto a voz

ACTIVIDADES PDFs imprimibles que pueden enviarse por correo electrónico y calificarse

PRESENTACIÓN EN DIAPOSITIVAS Ilustraciones gráficas de los conceptos clave

VIDEOS Videoclips de alta definición incorporados

ENLACES WEB Enlaces cuidadosamente seleccionados con recursos seguros para niños

TRANSPARENCIAS Capas paso a paso de mapas, diagramas, cuadros y cronologías

MAPAS INTERACTIVOS Mapas interactivos e imágenes satelitales aéreas

CUESTIONARIOS Diez preguntas de elección multiple con puntaje automático que se envían por correo electrónico al docente para su evaluación

PALABRAS CLAVE Combinación de los conceptos clave con sus definiciones

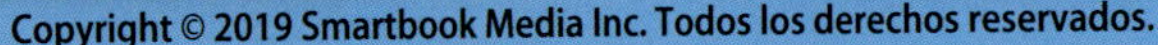

CONTENIDOS

La polea

Una polea es una rueda que gira fácilmente en su **eje**. El borde externo de la rueda tiene una ranura por la que pasa una soga o **cable** que rodea a la rueda. Si tiramos de un extremo de la soga, la soga se desliza por la polea. Así, se puede mover una carga colocada en el otro extremo de la soga. Los ascensores, las herramientas de agricultura y muchos tipos de aeronaves, todos tienen poleas.

La polea es un tipo de máquina simple. Las máquinas son aparatos que usan **energía** para hacer una tarea. Hay seis tipos de máquinas simples: el plano inclinado, la palanca, la polea, el tornillo, la cuña y la rueda y el eje. Todas las máquinas simples facilitan el **trabajo**, pero por sí mismas, no generan ningún tipo de energía adicional que ayude a realizar el trabajo, sino que cambian el esfuerzo que se necesita para hacer las tareas.

En el 1400, Leonardo da Vinci hizo más de 500 dibujos de máquinas voladoras, muchas de las cuales tenían poleas.

El primer ascensor de pasajeros del mundo, que funcionaba con un motor eléctrico y poleas, fue usado en 1857.

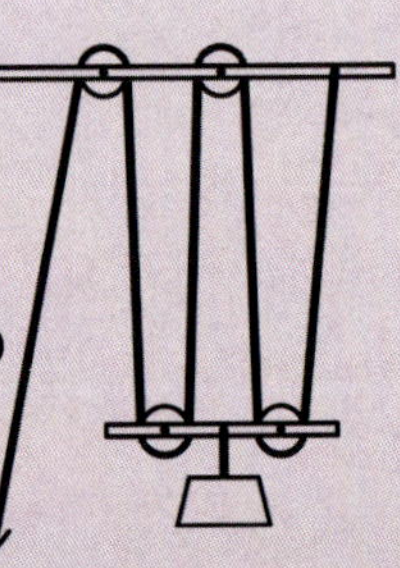

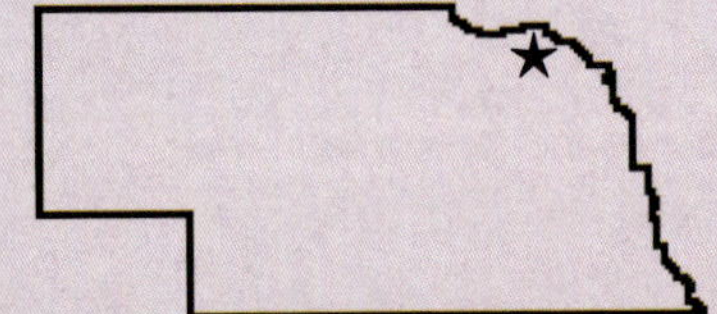

Más de 400 poleas agrícolas se encuentran exhibidas en el Museo de Poleas Lewis and Clark de Nebraska.

El alpinismo se basa en el uso de poleas.

Las máquinas simples

El plano inclinado y la palanca son las máquinas simples más básicas de todas. Incluso pueden encontrarse en otros tipos de máquinas simples.

Tipos de planos inclinados

El **plano inclinado** es la **más simple** de las máquinas simples. Cualquier **pendiente**, como la de una colina, es un plano inclinado.

Una **cuña** son dos planos inclinados **juntos**.

Un **tornillo** es un plano inclinado **envuelto** alrededor de una barra central.

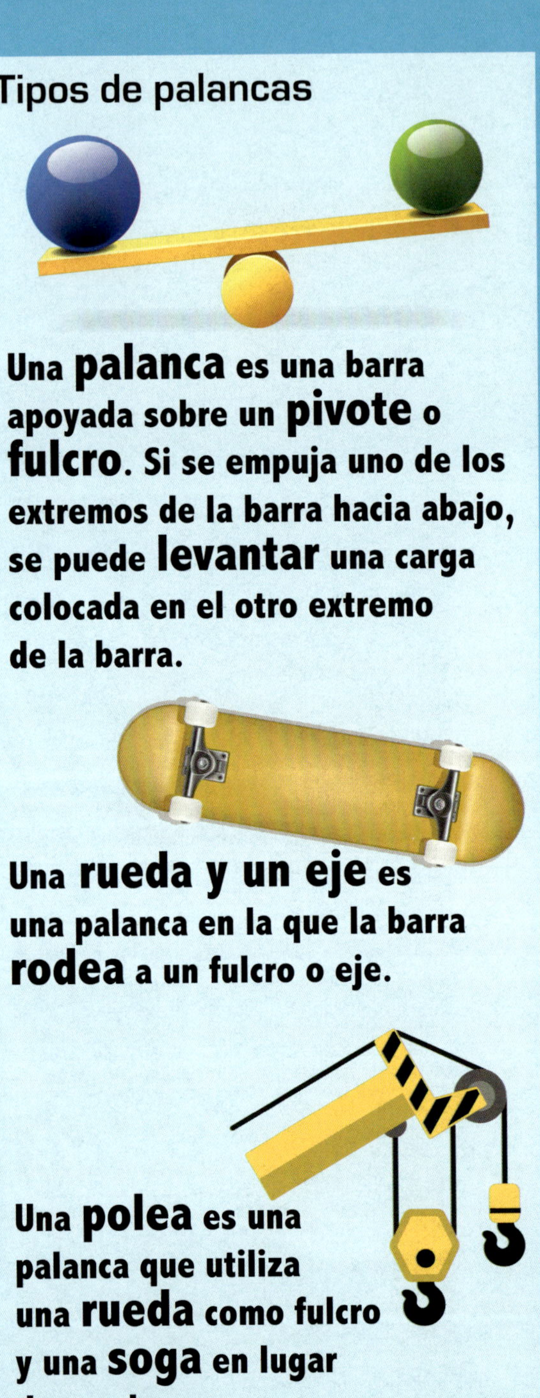

Tipos de palancas

Una **palanca** es una barra apoyada sobre un **pivote** o **fulcro**. Si se empuja uno de los extremos de la barra hacia abajo, se puede **levantar** una carga colocada en el otro extremo de la barra.

Una **rueda y un eje** es una palanca en la que la barra **rodea** a un fulcro o eje.

Una **polea** es una palanca que utiliza una **rueda** como fulcro y una **soga** en lugar de una barra.

De lo simple a lo complejo

Las máquinas simples pueden combinarse para hacer otros tipos de máquinas. El nuevo aparato formado por la combinación de máquinas simples se llama máquina compuesta o compleja. Las poleas trabajan junto a otras máquinas simples para crear muchos de los aparatos que se usan en la actualidad.

El avión

Un avión usa poleas para mover el **timón** de su cola. Las alas del avión son cuñas. Las ruedas y ejes ayudan a que el avión despegue y aterrice.

La bicicleta

Una bicicleta tiene poleas que cambian el **engranaje** que se usa para mover el vehículo. Las poleas están unidas a una palanca. Los engranajes son un tipo de rueda y eje. Las piezas de la bicicleta se mantienen unidas por medio de tornillos.

La grúa

La grúa usa palancas y poleas para mover cargas pesadas. Las palancas ayudan a controlar el movimiento de la grúa. Las poleas se usan para levantar la carga y colocarla en su lugar.

El uso de las poleas

Las poleas se usan principalmente para levantar cargas, pero la soga debe ser lo suficientemente fuerte para soportar el peso de la carga. Las cargas muy pesadas pueden necesitar una polea con cable de acero, que es más fuerte que una soga. El malacate, que es un tambor con cables a su alrededor, usa muchas poleas a la vez para levantar cargas pesadas. Los malacates se usan en la construcción de edificios y en fábricas donde se hacen máquinas grandes y pesadas.

Algunas poleas funcionan con una correa en lugar de una soga o cable. Este tipo de polea se llama transmisión por correa o correa de transmisión. Cuando una rueda gira, la correa que la envuelve gira a la par y transfiere la potencia de esa rueda a otras ruedas conectadas a la correa. Los motores de los automóviles y muchos tipos de motores eléctricos usan correas de transmisión.

Una cadena de bicicleta es un tipo de correa de transmisión.

La utilidad de las poleas

Las poleas se usan habitualmente para facilitar los trabajos. Hay tres tipos de poleas: la polea fija, la polea móvil y la polea compuesta. Cada tipo funciona de manera diferente.

Las poleas de los helicópteros

Una polea colocada en un helicóptero es un ejemplo de polea fija. Esta polea se instala en un lugar fijo y se usa cuando es más fácil tirar de una soga que levantar una carga. Los helicópteros usan poleas fijas para recolectar agua de los océanos o lagos para apagar incendios en la tierra.

Las grúas de construcción

Las poleas de una grúa de construcción son ejemplos de poleas móviles. Este tipo de polea se mueve junto con la carga. El esfuerzo que el usuario aplica en la polea aumenta, lo que demanda menos esfuerzo para levantar la carga.

Los veleros

Las poleas de un velero son ejemplos de poleas compuestas. La polea compuesta usa una combinación de poleas fijas y móviles. La soga pasa entre las poleas. Los veleros usan poleas compuestas para subir y bajar las velas.

Las poleas del mundo

En todas partes del mundo se usan poleas en la vida cotidiana. Las sogas para colgar la ropa, las cortinas, las persianas y muchos otros elementos de la casa tienen poleas. Los grandes equipos que se usan en el transporte también utilizan poleas.

2 **FRANCIA** Se usa una polea en una tirolesa que lleva a la gente por el aire de un extremo al otro del cable. La tirolesa más alta del mundo va desde el centro de esquí de Orelle hasta el de Val Thorens a una altura de 10.597 pies (3.230 metros).

1 **ESTADOS UNIDOS** Los científicos que trabajan cerca de Kaktovik, Alaska, usan poleas para pesar a los osos polares. Se los pesa para controlar su salud.

Las poleas son útiles para los científicos y para los que practican diferentes deportes. Este mapa muestra lugares del mundo donde actualmente se usan poleas.

Las poleas de la antigüedad

Las poleas se han utilizado por miles de años. En Mesopotamia, una región del antiguo Medio Oriente, se podrían haber usado poleas para levantar vasijas con agua ya en el año 1500 a. C. Arquímedes, el científico de la antigua Grecia, inventó la polea compuesta cerca del año 250 a. C. A lo largo de la historia, se han utilizado poleas para construir muchas estructuras altas como, por ejemplo, la catedral de Notre-Dame de París, Francia.

Durante siglos, las poleas han sido herramientas importantes en los barcos a vela. Cuando se usan poleas para subir o bajar las velas, aumenta o disminuye la cantidad de viento que golpea contra las velas. Los marineros usan esta diferencia para cambiar la velocidad del barco.

Hace casi 2.000 años, se usaron poleas y otras máquinas simples para construir el Coliseo, un gran estadio de Roma, Italia.

Las poleas a lo largo del tiempo

Aproximadamente en el año 500 a. C.
Los griegos usan poleas en los teatros para bajar a los actores al escenario.

Aproximadamente en el año 250 a. C.
Arquímedes lleva un barco hacia tierra con una polea compuesta.

70 d. C.
Comienza la construcción del Coliseo.

1345
Finaliza la construcción de la catedral de Notre-Dame en París.

1913
Henry Ford construye una **cinta transportadora** con poleas que acelera la producción de automóviles en su fábrica de Michigan.

1916
En Tennessee, Ernest Holmes inventa el camión grúa, que usa poleas para levantar a los autos.

1960s
Se construye la cinta transportadora más larga del mundo. Recorre casi 61 millas (98 kilómetros) desde una mina del desierto del Sahara, en África, hasta el océano Atlántico.

2003
Se construye el *Mirabella V*, el yate de solo un mástil más grande del mundo. El barco tiene poleas para ajustar las velas.

2005
Se construye en Nueva Jersey la Kingda Ka, la montaña rusa más alta del mundo, que utiliza una polea para subir a los carros a 456 pies (139 m) de altura.

Los cohetes deben usar mucha fuerza para llegar al espacio exterior.

La fuerza y el movimiento

La fuerza es un empujón o tirón que hace que un objeto se mueva o cambie su dirección. Cuando un objeto no se mueve, o está quieto, todas las fuerzas están balanceadas. Este balance se llama equilibrio.

Cuando los científicos estudian las fuerzas y el movimiento de los objetos, hay tres medidas que tienen en cuenta. Calculan el peso del objeto, la velocidad a la que se mueve y la cantidad de fuerza que está haciendo que el objeto se mueva. Entender las fuerzas, cómo afectan a los objetos y cómo se afectan los objetos entre sí, puede facilitar el movimiento de los objetos.

La fricción y la gravedad

La fricción es una fuerza que ocurre cuando dos superficies se tocan, como cuando se empuja un libro por un escritorio. La fricción genera una fuerza de agarre que afecta a la cantidad de trabajo que se necesita para mover un objeto. Cuando la fricción es mayor, más trabajo se necesita. Para las poleas, el contacto entre la soga y la rueda genera fricción. La cantidad de fuerza que se necesita para superar esta fricción suele ser baja. Esto hace que la polea sea una máquina **eficiente** para hacer el trabajo.

Otra de las fuerzas que afectan a la cantidad de trabajo necesaria para mover un objeto es la **gravedad**. La gravedad de la Tierra atrae a los objetos y hace que sean más difíciles de mover.

Masa vs. Peso

La masa es la cantidad de material que contiene un objeto. El peso es la fuerza con la que la gravedad atrae a un objeto. La masa de un objeto afecta a su peso. Una roca tiene más masa que un malvavisco del mismo tamaño. Por eso, la roca pesa más en la Tierra. Sin embargo, la masa y el peso no son lo mismo.

La masa se suele medir en kilogramos (kg). Una persona con 91 kilogramos de masa, pesa 200 libras en la Tierra. Esto es porque la gravedad de la Tierra atrae a una masa de 91 kilogramos con una fuerza de 200 libras. La luna tiene una gravedad mucho menor, por lo que la misma persona pesa menos allí. La gravedad de la luna atrae a una masa de 91 kilogramos con una fuerza de solo 33 libras. Esa misma persona prácticamente no tiene peso dentro de una nave espacial porque hay muy poca gravedad. A pesar de seguir teniendo una masa de 91 kilogramos, la persona pesa 0 libras.

Trabajando con la fuerza

En la ciencia, cuando se usa una fuerza para mover un objeto a lo largo de una distancia, se genera trabajo. Para que haya trabajo, la fuerza debe aplicarse en la misma dirección en la que se mueve el objeto. Levantar una roca del suelo es trabajo porque la fuerza aplicada para levantar la roca va en la misma dirección ascendente que la dirección en la que se mueve la roca.

También se genera trabajo cuando una persona empuja una roca hacia adelante por el suelo. Pero, si se empuja una roca muy pesada y la roca no se mueve, eso no es trabajo. La persona puede sentirse cansada por el esfuerzo, pero la roca no se ha movido, por lo que no ha ocurrido ningún trabajo.

Los remolcadores hacen trabajo cuando usan poleas para tirar de barcos más grandes.

A medida que aumenta la fuerza necesaria para mover un objeto, también aumenta el trabajo que da moverlo. Esto también se aplica a la distancia. La cantidad de trabajo que se necesita para mover el objeto aumenta a medida que aumenta la distancia a la que se debe mover el objeto.

Las máquinas simples facilitan el trabajo cambiando la cantidad y dirección de la fuerza necesaria para mover un objeto. Si bien se necesita menos fuerza, con las máquinas simples se necesitan mayores distancias.

Calculando el trabajo

La cantidad de trabajo necesario para levantar una bola de 10 libras (4,5 kg) cambia según la distancia a la que se la levante. Para calcular el trabajo, el peso de la bola se multiplica por la altura a la que se la levantará.

10 x 2 = 20

Se necesitan 20 libras (9,1 kg) de esfuerzo para levantar la bola 2 pies (0,6 m).

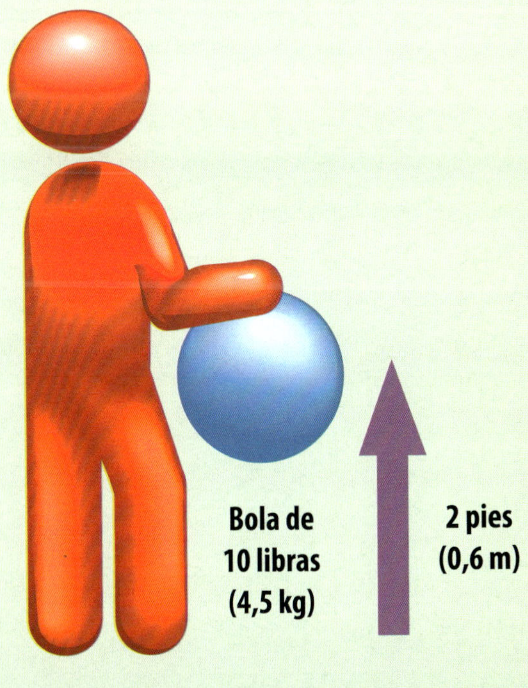

Una polea simple móvil se puede subir y bajar libremente.

Cómo funcionan las poleas

Algunos tipos de poleas facilitan el trabajo porque proporcionan una **ventaja mecánica**. Esto significa que, con estas poleas, se necesita menos fuerza para mover un objeto. Uno de los tipos de poleas más simples es la polea simple móvil, que requiere solo la mitad de la fuerza que se necesitaría para levantar una carga en forma directa.

Cuando una persona tira de una soga colocada en una polea simple móvil, la fuerza necesaria para mover la carga se distribuye por la soga a ambos lados de la polea. Es como si se tirara de ambos lados de la soga al mismo tiempo. El cambio en la fuerza necesaria para mover la carga viene con un aumento en la distancia que se debe mover. La polea simple móvil necesita menos fuerza pero más distancia para mover una carga.

Calculando el esfuerzo

La cantidad de esfuerzo necesario para levantar una carga de 10 libras (4,5 kg) cambia según el tipo de polea que se use. La polea de la izquierda es una polea fija. Esto significa que la polea no se mueve y se necesita la misma cantidad de esfuerzo para levantar la carga. La de la derecha, es una polea móvil, que reduce a la mitad el esfuerzo necesario para levantar la carga.

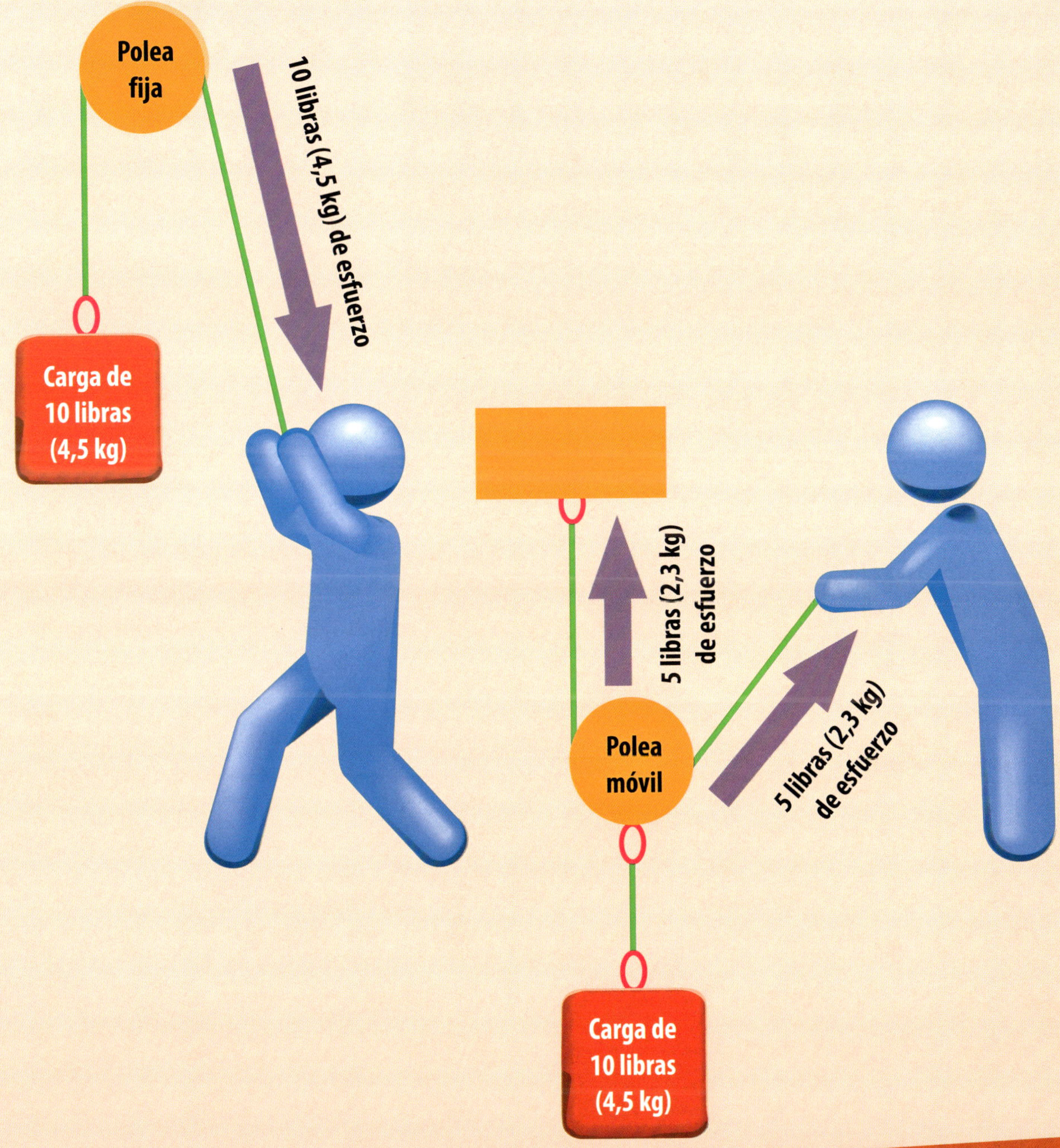

¿Qué es un ingeniero de producción?

Los **ingenieros** de producción ayudan a diseñar y construir fábricas. Pueden usar sus conocimientos sobre las máquinas simples, como las poleas, para que las fábricas trabajen con mayor seguridad. Los ingenieros de producción suelen ayudar a **automatizar** las fábricas, para que las tareas o los trabajos peligrosos que no requieran de habilidades específicas puedan ser realizados por robots en lugar de personas. Los ingenieros de producción deben estudiar en la universidad muchos años para adquirir los conocimientos necesarios y tener éxito en su trabajo.

Henry Ford

El ingeniero y empresario Henry Ford nació en 1863 en Michigan. Fundó la compañía Ford Motor en 1903. Ford introdujo la línea de ensamblado en su fábrica, que permitía que los operarios se quedaran en su lugar esperando a que el automóvil que se estaba fabricando les llegara por una cinta transportadora. Así, los operarios lograban fabricar un automóvil llamado Modelo T cada 24 segundos. La línea de ensamblado de Ford redujo el costo de fabricación de los autos para que millones de personas pudieran comprarse uno.

 Los ingenieros de producción suelen visitar las plantas de fabricación.

Acertijos

1 ¿Cuáles son los seis tipos de máquinas simples?

2 ¿Qué es un malacate?

3 ¿Qué tipo de polea funciona con una correa?

4 ¿Qué es una polea fija?

5 ¿Quién inventó la polea compuesta cerca del año 250 a. C.?

6 ¿En qué año se terminó de construir la catedral de Notre-Dame de París?

7 ¿Quién inventó el camión grúa en 1916?

8 ¿Qué es la fricción?

9 ¿Qué tipo de ingeniero ayuda a diseñar y construir fábricas?

10 ¿Quién fundó la compañía Ford Motor en 1903?

RESPUESTAS: 1. Las seis máquinas simples son el plano inclinado, la palanca, la polea, el tornillo, la cuña y la rueda y el eje. 2. Un malacate es un tambor con cables enrollados a su alrededor. 3. La transmisión por correa o correa de transmisión funciona con una correa en lugar de una soga o cable. 4. Una polea fija se mantiene siempre en el mismo lugar. 5. El científico de la antigua Grecia Arquímedes inventó la polea compuesta cerca del año 250 a. C. 6. La catedral de Notre-Dame de París se terminó de construir en 1345. 7. Ernest Holmes inventó el camión grúa, que usa poleas para levantar autos, en 1916. 8. La fricción es una fuerza que se produce cuando dos superficies se tocan. 9. Los ingenieros de producción ayudan a diseñar y construir las fábricas. 10. Henry Ford fundó la compañía Ford Motor en 1903.

Poleas en acción

Construye una polea para levantar objetos con mayor facilidad.

Materiales que necesitas

Una cuerda larga

Una botella de agua

Una puerta con picaporte

Instrucciones

1 Ata un extremo de la cuerda al pico de la botella de agua.

2 Coloca la cuerda en la ranura o en el medio del picaporte, entre el picaporte y la puerta. Asegúrate de que la botella quede de un lado del área ranurada del picaporte. El otro extremo de la cuerda debe quedar del otro lado del picaporte.

3 Tira del extremo libre de la cuerda hacia abajo. A medida que tires de la cuerda, la botella subirá. ¿Notas alguna fricción que reduzca la velocidad de la cuerda cuando tiras de ella?

Palabras clave

automatizar: hacer que las cosas, como las máquinas, funcionen automáticamente

cable: dispositivo similar a una soga hecho de alambres metálicos entrelazados

cinta transportadora: correa móvil que funciona con poleas para transportar materiales

eficiente: que produce un resultado deseado con el menor esfuerzo posible

eje: vara alrededor de la cual gira una o más ruedas

energía: fuerza necesaria para hacer un trabajo

engranaje: rueda con bordes dentados

gravedad: fuerza que atrae a los objetos entre sí

ingenieros: personas que usan la ciencia para resolver problemas prácticos

timón: pieza móvil de la cola de un avión que se usa para dirigirlo

trabajo: fuerza aplicada a lo largo de una distancia para mover un objeto

ventaja mecánica: medida de cuánto más fácil es una tarea cuando se usa una máquina simple

Índice

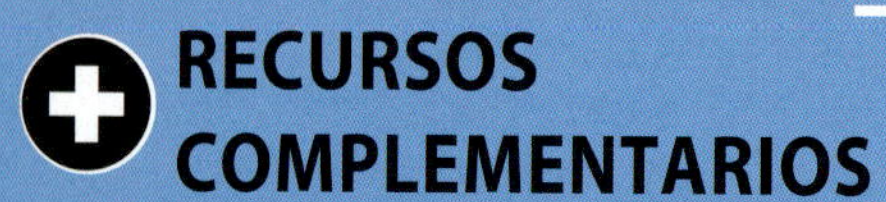

RECURSOS COMPLEMENTARIOS

Haga clic en el signo ⊕ que se encuentra en la esquina inferior izquierda de cada hoja para abrir más recursos para docentes.

- Descargue e imprima los cuestionarios y actividades del libro
- Acceda a las correlaciones curriculares
- Explore otras aplicaciones web que optimizan la experiencia de Lightbox

TÍTULOS DIGITALES DE LIGHTBOX

Incluyen un paquete completo de medios integrados

VIDEOS

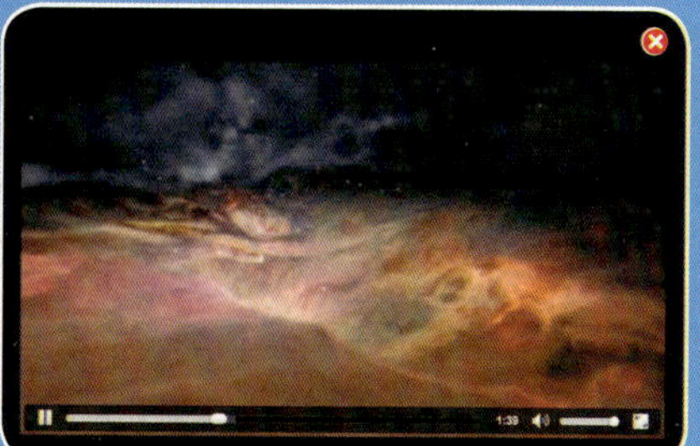

MAPAS INTERACTIVOS

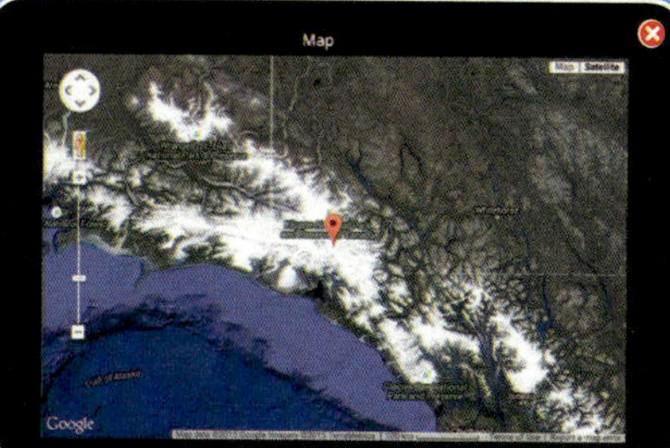

ENLACES WEB

PRESENTACIONES EN DIAPOSITIVAS

CUESTIONARIOS

OPTIMIZADO PARA

- ✓ TABLETAS
- ✓ PIZARRAS ELECTRÓNICAS
- ✓ COMPUTADORAS
- ✓ ¡Y MUCHO MÁS!

Published by Smartbook Media, Inc.
350 5th Avenue, 59th Floor New York, NY 10118
Website: www.openlightbox.com

Spanish Project Coordinator: Sara Cucini
Spanish Editor: Translation Cloud LLC
Project Coordinator: Heather Kissock
Art Director: Terry Paulhus

Library of Congress Control Number: 2017961976

ISBN 978-1-5105-3424-7 (hardcover)
ISBN 978-1-5105-3425-4 (multi-user ebook)

Printed in Brainerd, Minnesota, United States
1 2 3 4 5 6 7 8 9 0 22 21 20 19 18

042018
011518

Every reasonable effort has been made to trace ownership and to obtain permission to reprint copyright material. The publisher would be pleased to have any errors or omissions brought to its attention so that they may be corrected in subsequent printings.

The publisher acknowledges Corbis, Getty Images, and iStock as its primary image suppliers for this title.